# DER HUT

Michaela Feurstein-Prasser

# *Der Hut*

Mit Illustrationen von
Hanna Zeckau

DINGE DES LEBENS

# INHALT

*Man nehme dem Bischof seinen Ornat, dem Richter seine Perücke oder dem Kirchspieldiener seinen dreieckigen Hut, und was sind sie? Menschen – bloße Menschen! Würde und bisweilen sogar Heiligkeit hängen mehr von Röcken und Westen ab, als viele Leute sich träumen lassen.*

Charles Dickens, »Oliver Twist«, 1838

# *Prolog*

Ist der Hut ein »Ding des Lebens«? War er das je? Ist er das immer noch oder wieder? Welche Funktionen hat ein Hut? Welche Bedeutung? Was wollen Hutträger ausdrücken? Hutträger? Oder doch auch Hutträgerinnen?

Das Wort *Hut* stammt vom mittelhochdeutschen *Huot* ab und bedeutete ursprünglich *Decke* oder *Schutz,* auch im Sinne von *Obhut,* wurde dann aber vor allem als Bezeichnung für Kopfbedeckungen verwendet. Die feminine Form – mittelhochdeutsch *huote* – meint dagegen *Aufsicht, Fürsorge, Schutz* im Allgemeinen und steckt zum Beispiel im Wort *hüten. Huote* wurde unter anderem in Bezug auf Lehensverhältnisse und militärische Bewachung verwendet. Daraus entwickelte sich die Redensart »auf der Hut sein«. Zahlreiche Redewendungen nehmen die eine oder andere Bedeutung auf und zeigen, dass diese Funktionen des Schützens und Behütens sich auch oft überschnitten haben.

Ein Hut hat viele Funktionen: Er schützt vor Regen, Hagel, Schnee und Sonne, aber auch vor Staub und Schmutz. Er schirmt vor aufdringlichen Blicken ab und verbirgt das Gesicht der Huttragenden. Gleichzeitig fordert er Respekt und Ehrerbietung, schafft Distanz und Nähe. Er funktioniert als Statussymbol, als Rangzeichen, als sozialer Marker und religiöses Erkennungszeichen. Er kann wärmen oder kühlen, hart oder weich, bunt oder mausgrau, aus Kaninchenfell oder aus Strohborten sein. Seine Formen sind vielfältig und sie haben sich im Lauf der Jahrzehnte und Jahrhunderte geändert. Manche sind unverändert in Mode, andere wiederum sind von den Verkaufstischen und aus den Modemagazinen verschwunden.

Hüte sind Zeichen, die weithin sichtbar sind. Sie machen den gesellschaftlichen Stand der Trägerin bzw. des Trägers oder die Zugehörigkeit zu einer bestimmten Berufsgruppe deutlich. Sie zeigen, dass man sich der Etikette unterwirft. Gleichzeitig drücken viele Hutträger*innen mit ihren Hüten auch genau das Gegenteil aus: Sie wollen provozieren oder sich von einer Gruppe abgrenzen, sie eignen sich Kopfbedeckungen an, die ihnen anscheinend verboten sind, oder zeigen ihre Individualität, indem sie Hüte tragen, die Konvention, Mode oder gesellschaftliche Etikette konterkarieren. Der Hut war bis in die 1960er-Jahre aus dem Straßenbild nicht wegzudenken. Wer etwas auf sich hielt, trug Hut und wusste auch Bescheid darüber, welcher Hut zu welcher Gelegenheit passte und wann er auf- oder abzusetzen und zu »lüften« war – egal ob auf dem Land oder in der Stadt, unabhängig vom gesellschaftlichen Stand. In den letzten Jahren erlebt der Hut ein Revival. Hut zu tragen ist wieder schick. Die Klimakrise und die immer heißer werdenden Sommer tun das Ihre dazu.

*Auf der Hut sein*

*Gut behütet sein*

*Hüte dich!*

*Verhüten*

*Es brennt der Hut!*

*Unter die Haube kommen*

*Unter einen Hut bringen*

*Mir reißt die Hutschnur!*

## *Eine kurze Geschichte des Huts*

Schon bei den Ägyptern, Griechen und Römern lassen Darstellungen darauf schließen, dass Kopfbedeckungen neben rein funktionalen Aufgaben auch schmückenden Charakter hatten.

Die ersten bekannten Hüte sind breitkrempige Filzhüte, die vor allem von Handwerkern und Schiffern getragen wurden. Die Römer übernahmen die Formen der Hüte von den Griechen und behielten auch die griechischen Bezeichnungen bei. Bei den Germanen fand man zur selben Zeit Rundmützen aus Fell, aber auch kegelförmige Mützen und Hüte aus Filz.

Die ersten Strohhüte lassen sich auf das 10. Jahrhundert datieren. Filzhüte verbreiteten sich im 12. und 13. Jahrhundert in ganz Europa, jene der höheren Stände waren bereits kostbar verziert und teilweise mit Pelzen verbrämt. Neben den Hüten waren im Mittelalter vor allem bei Frauen große Tücher und Kapuzen sehr verbreitet, vornehme Damen verbargen ihre Haare unter Netzen und Schleiern.

Wie im Mittelalter üblich, waren auch die Hutmacher in Zünften organisiert. Das älteste schriftliche Zeugnis dazu stammt aus dem 13. Jahrhundert aus Köln, 1363 wird die erste Hutmacherzunft in Nürnberg erwähnt, die Hutmacher in Wien erhielten ihre erste Handwerksordnung im Jahr 1400.

Gegen Ende des 16. Jahrhunderts setzten sich langsam hohe, steife, zumeist schwarze, spanische Hüte durch, die es sowohl mit schmaler Krempe als auch ohne Krempe gab. Bauern trugen zu der Zeit vorrangig weiche Filzhüte oder topfähnliche Hüte mit flachen Krempen. Während des Dreißigjährigen Krieges (1618–1648) verbreitete sich der breitrandige, weiche Schlapphut aus Filz, der sowohl von Soldaten als auch von Angehörigen der höheren Schichten verwendet wurde.

Da auch Künstler dieser Zeit, etwa Rembrandt oder Rubens, solche Hüte trugen, werden diese manchmal als Rembrandt- oder Rubenshut bezeichnet. Meist wurde die Krempe an einer Seite hochgeschlagen, Ende des 17. Jahrhunderts bog man den Hut an mehreren Seiten hoch, woraus der Dreispitz entstand. Das späte 18. Jahrhundert brachte mit dem Zylinder neue Hutformen aus England. Er dominierte die Mode in ganz Europa während des 19. Jahrhunderts, wenn auch in unterschiedlichen Varianten, was Form, Farbe und Material betraf.

Für Frauen war über viele Jahrhunderte die Haube die dem Hut entsprechende Kopfbedeckung. Ab der Mitte des 19. Jahrhunderts verlor sie jedoch immer mehr an Bedeutung. Als Arbeitskleidung wurde sie vom praktischen Kopftuch abgelöst, wollte man elegant, festlich oder modisch gekleidet sein, griff nun auch der weibliche Teil der Gesellschaft zum Hut.

In der ersten Hälfte des 20. Jahrhunderts erlebte die Hutmode ihren Höhepunkt, ab den 1960er-Jahren verschwand der Hut jedoch zusehends aus dem Stadtbild, wofür es mehrere Gründe gibt. Eine Theorie besagt, dass dies dem vermehrten Aufkommen von Autos geschuldet sei. In den meisten Autos war es unmöglich, den Hut aufzubehalten, weshalb er sich langsam, aber sicher, als unpraktisch erwies. Ein für die Hutindustrie der USA folgenschweres Ereignis war im Jänner 1961 die Angelobung von John F. Kennedy zum Präsidenten der Vereinigten Staaten: Er war der erste Präsident, der diese Zeremonie ohne Kopfbedeckung absolvierte. Für die jungen Wähler und Wählerinnen Kennedys war dies ein Zeichen für den Aufbruch in neue Zeiten, konservative Amerikaner waren vor den Kopf gestoßen. Für die amerikanische Hutindustrie, die schon seit 20 Jahren gegen rückläufige Verkaufszahlen zu kämpfen hatte, war es ein regelrechter Schock. Vertreter der »Hat Corporation of America« versuchten verzweifelt, Kennedy zum Huttragen zu bewegen – ohne Erfolg. Immer wieder führten Modewellen, oft angestoßen von einzelnen Persönlichkeiten, zur Hoffnung, der Hut möge zurückkehren.

Ab Mitte der 1980er-Jahre lässt sich für den ländlichen Alpenraum ein neu erwecktes Interesse an Trachtenhüten beobachten. Volkstanzgruppen machten sich damals auf die Suche nach traditionellen Kopfbedeckungen in ihrer jeweiligen Region, übernahmen diese für ihren Verein und verhalfen ihnen zu neuer Sichtbarkeit und Verbreitung. In den letzten zehn bis fünfzehn Jahren kann man tatsächlich ein Hutrevival beobachten.

## Kopfbedeckungen als Bestandteil von Kleiderordnungen

Aus heutiger Sicht kaum mehr vorstellbar, gab es bis ins ausgehende 18. Jahrhundert in ganz Europa strenge Kleiderordnungen. Diese bestimmten, wer was wie tragen durfte, um die Zugehörigkeit zu einer bestimmten Gesellschaftsschicht oder Berufsgruppe auszudrücken.

Die allmähliche Auflösung der ständischen Ordnung im 18. Jahrhundert führte auch zur schrittweisen Aufhebung der Kleiderordnungen. Tatsächlich war aber sogar im 20. Jahrhundert die soziale und berufliche Zuordnung oft an der Kleidung ablesbar.

Kleiderordnungen wurden über Gesetze oder Erlässe verkündet, waren regional unterschiedlich und vielfach sehr detailliert. Meist wurde eine neue Kleiderordnung dann erlassen, wenn Mitglieder niedrigerer Stände begannen, die Mode der höheren Schichten nachzuahmen und damit den sozialen Unterschied zu nivellieren. Kleiderordnungen sollten aber auch verhindern, dass sich die Angehörigen eines Standes zu prunkhaft kleideten. Andere Kleidervorschriften, oder besser gesagt Verbote, sollten verhindern, dass zu viel Geld ins Ausland floss, indem etwa seltene Materialien wie Seide importiert wurden.

Oft sind Kleiderordnungen oder Dresscodes Ausdruck von Konventionen, die man beachtet, um mit der Mehrheit konform zu gehen und nicht aufzufallen, oder die man ganz bewusst bricht, um zu provozieren, um seiner Individualität oder einem Protest Ausdruck zu verleihen. Kleiderordnungen gibt es auch heute noch in unterschiedlichen gesellschaftlichen Umgebungen, etwa der Dresscode für einen Ball, der schon auf der Eintrittskarte festgelegt wird. Versucht man, sich dagegen aufzulehnen, oder hat man die

Vorschrift nicht beachtet, kann einem der Zutritt verweigert werden. Gruppen wie zum Beispiel Skater oder Rapper haben einen inoffiziellen Dresscode: Oft spielt das richtige Tragen einer Kappe eine große Rolle und ist Voraussetzung dafür, von einer Gruppe anerkannt zu werden.

Nachdem sich bei den großen Pferderennen in Ascot die Sitten bezüglich Dresscode schleichend aufgelöst hatten, wurden die Regeln 2013 wieder klar definiert und stehen seither auf der Ascot-Website. Nicht entsprechend gekleidete Menschen können entweder am Eingang die notwendigen Accessoires wie Schal oder Hut kaufen, oder sie werden des Areals verwiesen. Für die Pferderennen in Ascot ist sogar festgeschrieben, wie groß der Durchmesser der Hutbasis zu sein hat: »Ladies must wear a hat or headpiece with a solid base of 4 inches in diameter in the Royal Enclosure. Fascinators are not permitted. Novelty hats (i. e. ones which are excessively oversized, or are promoting or marketing any product or brand) are not permitted.«

Auch wenn sich die meisten Kleiderordnungen im Lauf der letzten zwei Jahrhunderte so gut wie aufgelöst haben, gibt es immer noch zahlreiche Berufsgruppen, deren Kopfbedeckungen zu ihrem Berufsbild gehören. Angefangen von Helmen auf Baustellen oder im Bergbau über die unterschiedlichen Kopfbedeckungen beim Militär bis zu solchen, die aus hygienischen Gründen getragen werden, gibt es allerdings nur noch wenige Hüte, die zum Erscheinungsbild eines Berufsstandes gehören.

Ob es wohl ein Zufall ist, dass die Beispiele, die uns dazu spontan einfallen, alle mit Tourismus zu tun haben? In Wien wird heute noch in der Betriebsordnung der Fiaker und Pferdemietunternehmen festgehalten, dass die Melone zur traditionellen Bekleidung des Fiakerfahrers, also des Kutschenfahrers, gehört. »Ohne oben« zu fahren kann sogar zu einer Anzeige führen.

Auch in Venedig ist es ein Berufszweig, den es wohl nur mehr der Touristen wegen gibt, zu dessen Berufsbekleidung ein Hut gehört: der Gondoliere. Während bei vielen Berufsgruppen die Kleidervorschriften früher strenger waren als heute, ist es bei den Gondolieri umgekehrt: Erst nach dem Zweiten Weltkrieg wurde der Strohhut eingeführt, die gestreiften Matrosenleibchen haben sich erst in den 1970er-Jahren durchgesetzt. Heutzutage verlangt die Genossenschaft der Gondolieri das als traditionell empfundene Tragen der Kleidung verpflichtend.

## Der Hut als Symbol

Hatte der Hut ursprünglich in erster Linie eine Schutzfunktion, so hatte er nachweislich bereits seit der Antike auch andere Aufgaben. In vielen Kulturen war das Tragen einer Kopfbedeckung Ausdruck von Freiheit und Individualität. Römische Sklaven bekamen nach ihrer Freilassung eine Filzkappe geschenkt, um damit ihren Kopf zu bedecken und als freie Männer erkennbar zu sein. Prostituierten war es in der Antike verboten, ihre Haare zu bedecken. Die Redewendung »unter die Haube kommen« hat sich bis heute erhalten und impliziert, dass es für ein junges Mädchen das wichtigste Ziel war, einen Ehemann zu bekommen und damit, für alle sichtbar, das Häubchen der Ehefrau tragen zu dürfen und zu zeigen, dass Ordnung und Anstand gewahrt waren.

Wie sehr der Hut auch Symbolcharakter hat, zeigen Konventionen bezüglich des Ab- und Aufsetzens von Kopfbedeckungen. In der westlichen Welt war es üblich, den Hut anderen Personen gegenüber aus Hochachtung abzunehmen bzw. ihn zumindest zu lüften. Im christlichen Gotteshaus wird er von Männern als Zeichen der Demut vor Gott abgenommen, während Frauen aus demselben Grund ihr Haar bedecken. Umgekehrt ist es im Judentum, wo der Gläubige nicht ohne Kopfbedeckung zum Gebet geht. Der spanische Grande – ein vom König verliehener, vererbbarer Titel – wiederum durfte und darf bis heute in Gegenwart des Königs den Hut aufbehalten. Dies soll ausdrücken, dass er seiner Abkunft und Stellung nach dem König fast ebenbürtig ist.

### Der Hut als Ausdruck von Macht

So wie Tiere sich aufplustern, um bei Gefahr oder im Kampf größer zu wirken, lässt auch ein Hut Menschen oft größer, mächtiger und stärker wirken. Bis ins 20. Jahrhundert waren es tatsächlich nur männliche Hutträger, die ihre Macht weithin sichtbar auf dem Kopf trugen. Sowohl religiöse wie auch weltliche Würdenträger hoben sich durch Kopfbedeckungen von ihrer Umgebung ab und forderten mit dem Doktor- oder dem Kardinalshut Ansehen ein.

Im wahrsten Sinne auf die Spitze getrieben und pervertiert wurde der Hut als Machtinstrument in der Geschichte von Wilhelm Tell. Der Landvogt Gessler, der die Schweizer Gebiete der Habsburger mit strenger Hand regierte, war von seiner Bedeutung als Statthalter des Königs so überzeugt, dass er der Meinung war, bereits sein Hut sei so wichtig, dass dieser gegrüßt werden müsse. Er ließ einen Hut auf einem Stock anbringen, und jeder, der daran vorbeiging, musste dem Hut die gebührende Reverenz erweisen. In Friedrich Schillers »Wilhelm Tell« liest sich das so: »Ihr sehet diesen

Hut, Männer von Uri! Aufrichten wird man ihn auf hoher Säule, mitten in Altdorf, an dem höchsten Ort, und dieses ist des Landvogts Will und Meinung: Dem Hut soll gleiche Ehre wie ihm selbst geschehn, man soll ihn mit gebognem Knie und mit entblößtem Haupt verehren – daran will der König die Gehorsamen erkennen. Verfallen ist mit seinem Leib und Gut dem König, wer das Gebot verachtet.« Wilhelm Tell geht aufrechten Hauptes an dem Hut vorbei und wird vom Vogt zur Rede gestellt: »Verachtest du so deinen Kaiser, Tell, und mich, der hier an seiner Statt gebietet, dass du die Ehr versagst dem Hut, den ich zur Prüfung des Gehorsams aufgehangen? Dein böses Trachten hast du mir verraten.«

Tell wird dazu gezwungen, mit der Armbrust auf einen Apfel auf dem Kopf seines Sohnes zu schießen – und trifft. Der Apfelschuss-Mythos spielt eine bedeutende Rolle in der Gründungsgeschichte der Schweiz. Heute versteht man unter »Gesslerhut« eine Einrichtung, die dazu dient, von jemandem ein untertäniges Verhalten zu erzwingen.

Anscheinend inspiriert vom Gesslerhut ließ sich Hermann Göring für die zwei katholischen Priester Josef Zilliken und Johannes Schulz eine besondere Strafe einfallen: Die beiden hatten Göring am 27. Mai 1940 in einem Gartenlokal nicht gegrüßt, wurden deshalb am selben Abend verhaftet und ins KZ Dachau eingeliefert. Zur Strafe zwang man sie, mit zum Hitlergruß erhobenem Arm an einer auf eine Stange gesteckten Uniformmütze vorbeizumarschieren, die als Symbol für Göring dienen sollte.

## Der Hut als Symbol der Emanzipation

Da Frauen im Lauf der Geschichte von Machtpositionen meist ausgeschlossen blieben – Ausnahmen bestätigen die Regel –, sind weibliche Kopfbedeckungen in diesem Kontext von geringerer Bedeutung als die der Männer. Vor allem im 20. Jahrhundert haben Frauen jedoch die Kopfbedeckung als Ausdruck von Selbstermächtigung und Widerstand für sich entdeckt. Sie waren nicht mehr bereit, sich herrschenden Konventionen zu unterwerfen, und lehnten sich bewusst gegen gängige Frauenbilder auf. Doch schon in der Revolution von 1848 hatten es sich auch die Frauen nicht nehmen lassen, gegen die kaiserlichen Truppen auf den Barrikaden zu kämpfen. Als Ausdruck der gesellschaftlichen Gleichstellung trugen die Frauen wie ihre männlichen Kollegen den Kalabreser, den Hut der italienischen Revolutionäre des Risorgimento.

Die Aneignung männlicher Hutformen durch Frauen geschah aber auch aus praktischen Gründen: Als Frauen begannen, die zu Beginn des 20. Jahrhunderts vorwiegend männlich dominierte Sportwelt zu erobern, ging damit auch die Eroberung ehemals männlicher Kopfbedeckungen einher. Das Reiten selbst war zwar damals schon lange auch Frauensache, ihre Kleidung entwickelte sich jedoch nur langsam von einer rein auf die Repräsentation ausgerichteten Ausstattung zur Sportausrüstung. Frauen ritten zwar weiterhin im Damensattel und im Korsett, das Reitkostüm war jedoch bereits lederverstärkt und ihre Kopfbedeckung glich sich jener der Männer an. Der Zylinder hat sich bis heute auch für Frauen im Dressurreiten erhalten, wobei der Dressurzylinder etwas niedriger ist als der traditionelle Zylinder. Auch in der Disziplin des Dressurfahrens ist der

Zylinder als »Fahrzylinder« bis heute für Männer und Frauen Teil der Kleiderordnung.

Im Motorsport kleideten sich die ersten Fahrerinnen wie ihre männlichen Kollegen: mit Lederjacke, Trenchcoat und Pilotenkappe. Erst als nach dem Ersten Weltkrieg auch Frauen vermehrt hinter dem Lenkrad zu sehen waren, änderte sich die Mode im Freizeitbereich hin zu weiblicheren Formen. Der Wagenradhut, meist mit einem Tuch versehen, mit dem der Hut bei schnellerem Fahren im offenen Auto unter dem Kinn festgebunden werden konnte, eroberte die weiblichen Köpfe.

## Trachtenhut und Politik

Im 18. Jahrhundert begannen sich auch langsam stilistische Unterschiede zwischen Land- und Stadtbevölkerung zu etablieren. Betrachtet man Darstellungen von männlichen und weiblichen Kopfbedeckungen der regional äußerst unterschiedlichen Trachten, so wird deutlich, dass auch hier die Kopfbedeckungen im Lauf der Zeit einen großen Wandel mitgemacht haben. Insbesondere die österreichische Tracht stand aber auch unter dem Einfluss von Adel und Bürgertum.

Bereits zu Beginn des 19. Jahrhunderts war es üblich, dass der Adel, der sich aufs Land zurückzog, versuchte, die traditionelle Bekleidung der Landbewohner*innen nachzuahmen. Ein prominentes Beispiel dafür ist in der zweiten Hälfte des 19. Jahrhunderts Kaiser Franz Joseph, nach dem sogar eine Hutform benannt wurde: ein brauner Filzhut mit einem runden Kopf und einer schmalen, aufgebogenen Krempe. Er wurde mit einem Hutband aus brauner Wollkordel geschmückt, die hinten zu einer Masche gelegt war. Der Kaiser zog diesen Hut zur Jagd an und unterschied sich damit optisch nicht von seinen Mitjägern.

Ein weiterer Adeliger, der untrennbar mit einem Hut und gleichzeitig mit Tracht in Verbindung gebracht wird, ist Erzherzog Johann (1782–1859). Der für ihn typische Hut war ein schwarzer Filzhut mit einem hohen, geraden Kopf, einem breiten, grünen Seidenhutband und einer aufgebogenen Krempe, wie er heute noch Teil vieler Trachten in der Steiermark ist.

Im 20. Jahrhundert, in der Zwischenkriegszeit, bekam die Tracht und damit auch der Trachtenhut zunehmend eine politische Bedeutung. In Österreich und Deutschland wurde die Tracht vermehrt gefördert, was von den Nationalsozialisten fortgesetzt und verstärkt wurde.

Im Umkehrschluss wurden Juden und Jüdinnen vom Tragen der Tracht ausgeschlossen. Unrühmlicher Pionier für das sogenannte Trachtenverbot war das Land Salzburg, das bereits im Juni 1938 ein solches erließ. Was dieser symbolische Ausschluss aus der Gesellschaft für manche Juden bedeutete, beschrieb Jean Améry 1966 in seiner biografischen Essaysammlung »Jenseits von Schuld und Sühne«: »Meine Identität war gebunden an einen schlecht und recht

deutschen Namen und an den Dialekt meines engeren Herkunftslands. Aber den Dialekt habe ich mir nicht mehr gestatten wollen, seit dem Tage, da eine amtliche Bestimmung mir verbot, die Volkstracht zu tragen, in der ich von früher Kindheit fast ausschließlich gekleidet war.«

Wie sehr das Tragen eines Trachtenhuts als Ausdruck österreichischer Identität empfunden wurde, zeigen nicht nur zahlreiche Fotos österreichischer Jüdinnen und Juden, die sich vor 1938 gerne auch in Tracht ablichten ließen, sondern auch der Trachtenhut von Alfons Wittels, der ihn 1938 gemeinsam mit einem Wetterfleck aus Loden in die Emigration nach Südamerika mitnahm. 1949 kehrte er nach Wien zurück und mit ihm sein Hut, dem er längst entwachsen war. Bis an sein Lebensende bewahrte er ihn auf. Nach seinem Tod 2001 kam er mit seinem Nachlass an das Volkskundemuseum in Wien.

## Woraus ein Hut besteht

Materialien und Techniken der Huterzeugung sind sehr vielfältig und haben sich im Lauf der Jahrhunderte stark verändert. Bemerkenswert ist aber auch, dass viele Hutmachertechniken seit dem Mittelalter in Europa und darüber hinaus existieren und bis heute angewandt werden – mit der Einschränkung, dass das Hutmachergewerbe heute nur mehr von geringer Bedeutung ist und die Anzahl der Hutmacherlehrlinge pro Jahr in vielen Städten stetig geringer wird.

Zu Beginn des 18. Jahrhunderts wurde die Bedeutung der Zünfte eingeschränkt, sodass sich langsam auch freie Manufakturen entwickeln konnten. Um 1800 verstärkte sich die Konkurrenz der Hutmachermanufakturen in ganz Europa. Die industrielle Revolution machte auch vor dem Hutmachergewerbe nicht halt. Wurde insbesondere die Textilindustrie massiv von der Umstellung von Handarbeit auf den maschinellen Betrieb betroffen, so galt dies auch für die Herstellung von Hüten.

Einen kurzen Aufschwung gab es für das Hutmacherhandwerk noch einmal während der beiden Weltkriege, als aus finanziellen Gründen die Änderung und Reparatur alter Hüte notwendiger wurde. Ab den 1960er-Jahren kann man tatsächlich von einem Hutmachersterben sprechen.

Traditionelle Materialien sind Wolle, Haar oder Stroh. Die aufwendige Methode der Filzherstellung wurde der Sage nach vom Heiligen Klemens erfunden, der bis heute als Schutzpatron der Hutmacher gilt. Er soll auf seiner Flucht vor den Römern aus Alexandria Schafwolle in seine Sandalen gelegt haben, um seine Schmerzen zu lindern. Als er die Schuhe wieder auszog, befand sich weicher Filz darin. Eine weitere Legende besagt, dass Noah auf seiner Arche den ersten Filz entdeckt habe. Die Schafe auf der Arche hätten aufgrund der Enge und Hitze Wolle verloren. Als Noah die Tiere wieder freilassen konnte, habe er im Schafspferch eine Matte aus verfilzter Wolle entdeckt. Wie dem auch sei, archäologisch sind kaum Spuren von Filz nachweisbar, denn eine der vielen guten Eigenschaften von Filz ist, dass er sehr gut kompostierbar ist und sich deshalb in der Erde nicht erhält.

Bis zur Mitte des 18. Jahrhunderts wurden die Hüte aus Wollfilz gemacht, der in erster Linie aus Schafwolle erzeugt wurde. Weiters kann Filz auch aus Wollhaaren der Kaschmir- oder Tibetziege, der Mohair- oder Angoraziege, aber auch von Alpakas, Lamas oder Kamelen produziert werden. Für feinere Hüte wurden Überzüge aus Hasen- und Biberhaaren verwendet. Besonders die Biberhüte waren sehr teuer und daher Ausdruck von Wohlstand und Prestige.

Um 1730 entdeckte man ein chemisches Beizverfahren, das es ermöglichte, reines Haar wie Wolle vollständig zu verfilzen. Dadurch konnten nun auch Kaninchen-, Biber-, Fischotter- oder Bisamrattenhaare verwendet werden.

Neben Wolle und Tierhaaren hat Stroh eine große Bedeutung in der Hutproduktion. Auch das kann bis in die Antike zurückverfolgt werden. Bereits bei den Griechen und Römern gab es schlichte Hüte aus Stroh, vor allem Seeleute, Landarbeiter und Handwerker trugen sie, aber auch die bäuerliche Bevölkerung – Strohhüte schützen besonders gut vor der Sonne und waren deshalb bei Menschen, die draußen arbeiteten, beliebt. Im 18. und 19. Jahrhundert entdeckte auch die bürgerliche Gesellschaft den Strohhut für sich. Besonders in den Darstellungen des romantischen Landlebens und der sogenannten Schäferidyllen durfte der Strohhut nicht fehlen, selbst der Zylinder musste sich eine Zeitlang dieser Mode unterwerfen. Den Höhepunkt erreichte die Verbreitung des Strohhuts zu Beginn des 20. Jahrhunderts, vor allem in den 1920er-Jahren.

Unabhängig vom Material unterscheidet man bei der Huterzeugung mehrere Arbeitsgänge: das Zurichten der Materialien (Wolle oder Haar), das Verfertigen der Hüte, das Formen und das Färben, Steifen, Aufputzen und Staffieren.

Während die Filzhüte von den Hutmachern in ihren Werkstätten produziert wurden, fertigte man die Strohhüte meist in Heimarbeit und deshalb oft nur für den lokalen Markt. Allerdings gab es im Lauf der Geschichte immer wieder Regionen, die ihre Strohhüte erfolgreich über die Grenzen hinweg verkaufen konnten: So wurden zum Beispiel die Salzburger Strohhüte um 1850 auch nach Deutschland verkauft. Neben Salzburg waren in Österreich auch Tirol, besonders das Defreggental, und das steirische Sulmtal Zentren der Strohhutproduktion. Von Bedeutung war auch die Schweiz, besonders der Kanton Aargau, wo die Ortschaft Wohlen bei Bremgarten einst sogar als »Klein-Paris« bezeichnet wurde. Im Aargau entstand die Strohhutherstellung als Beiprodukt des Getreideanbaus bereits im 17. Jahrhundert und erlebte ab 1850 eine mehrere Jahrzehnte andauernde Blütezeit, wovon auch heute noch neben großen Fabrikantenvillen Industriegebäude, aber auch das Schweizer Strohmuseum, Zeugnis ablegen.

Die Produktion von Strohhüten erforderte zahlreiche Arbeitsschritte: Das Stroh musste getrocknet, gebleicht und je nach Bedarf gefärbt werden, bevor die Strohborten geflochten, genäht, gesteift und geformt wurden. Der letzte Schritt war das Aufputzen der Hüte, also das Dekorieren mit Bändern, Kordeln, Federn oder Kunstblumen. Ab Mitte des 19. Jahrhunderts gelangten auch Maschinen für die Strohhutproduktion zum Einsatz und beendeten damit die Heimarbeit. Aus dem Ausland, zum Beispiel aus Italien oder

Japan, gelangte günstigeres Stroh in die Alpenländer und führte um die Jahrhundertwende zu einem Preisverfall, was gleichzeitig den Siegeszug des Strohhuts als Modeaccessoire auch in den ärmeren Schichten des Volkes ermöglichte. Neben den beschriebenen Materialien werden auch Samt, Pelz, Leder, Bast oder Seide zu Hüten verarbeitet, heute verwendet man häufig auch Papier für Hüte, die an Strohhüte erinnern.

Auch wenn wir heute von einem Revival der Hutmode sprechen, heißt das nicht, dass auch das Hutmachergewerbe wieder florieren würde. Die meisten in Österreich handgemachten Hüte werden heute in den Werkstätten für die Bundestheater produziert. Selbst die Hutmanufaktur Mühlbauer, die inzwischen auch weit über die Grenzen Österreichs hinaus bekannt ist und einige prominente Hutträger*innen wie Brad Pitt, Meryl Streep, Madonna oder Yoko Ono zu ihren Kund*innen zählt, gehört mittlerweile zu den kleinen Hutmanufakturen. Eine tolle Ausbildungsstätte für das Hutmacherhandwerk ist die Modeschule Hetzendorf in Wien, wo in der Modell-Modisterei-Klasse auch heute noch zahlreiche traditionelle Handwerkstechniken unterrichtet werden. Das Wissen über unterschiedlichste Materialien und Kenntnisse der damit einhergehenden Verarbeitungstechniken sind ein wesentlicher Teil der Ausbildung. Filz, Federn, Leder, Pelz, Spitze, Tüll, Samt oder feinste Strohgeflechte und Strohborten sind nur einige der Materialien, mit denen dort gearbeitet wird.

*Mir geht der Hut hoch!*

⁂

*Krieg der Hüte*

⁂

*Das ist ein alter Hut!*

⁂

*Ich zieh den Hut vor dir!*

⁂

*Chapeau!*

⁂

*Hut ab!*

⁂

*Etwas aus dem Hut zaubern*

⁂

*Den Hut aufhalten*

## *Hut-Typen*

Es gibt Hut-Typen sonder Zahl, manche haben Berühmtheit erlangt, weil ihre Träger oder Trägerinnen ihnen eine mächtige Symbolwirkung verliehen haben. Hier eine Zusammenstellung besonders schöner, spannender und origineller Hüte, ihrer Geschichte und der Geschichten, die sich um sie ranken.

### Borsalino

Der Borsalino ist für viele Menschen der Hut schlechthin. Der Name stammt vom Hutmacherunternehmen Borsalino aus Alexandria im Piemont, das als Hersteller eleganter Herrenhüte, insbesondere für seine Fedoras, bekannt ist. Die Firma Borsalino produziert auch heute noch ihre Filzhüte aus Kaninchen- oder Biberhaar, früher auch aus dem exklusiven Haar der Nutria (Sumpfbiber). Diese Hüte gelten als besonders leicht und sind wasserabweisend. Gegründet wurde das Unternehmen 1857 von Giuseppe Borsalino

(1834–1900), sein Betrieb wuchs von Jahr zu Jahr, die Stadt florierte, und bei seinem Tod war sie von der Hutmacherei geprägt.

Politiker wie Winston Churchill und Theodore Roosevelt, aber auch Schauspieler wie Marlon Brando, Robert Redford, Alain Delon oder Harrison Ford trugen nicht irgendeinen Fedora, nein, es musste ein Borsalino sein. Obwohl das Unternehmen auch andere Hutformen produzierte, ist der Name Borsalino für viele gleichbedeutend mit dem Fedora.

## Cloche

Eine besondere Hutform für Damen war die sogenannte Cloche, also ein Hut in Glockenform, der vor allem in den 1920er-Jahren in Mode war und oft in Kombination mit einem für damalige Zeiten frechen Kurzhaarschnitt, *à la garçonne,* auf deutsch Bubikopf, getragen wurde. Meist hat er einen bis zu den Augenbrauen heruntergezogenen, schmalen Rand, die kurzgeschnittenen Haare umrahmten das Gesicht unter dem eng anliegenden Hut. Oft wurde der vordere Rand leicht hochgebogen. Greta Garbo zeigte sich oft mit Hüten in Glockenform und verhalf ihnen zu Berühmtheit.

In den 1960er-Jahren kam der Glockenhut erneut in Mode. Audrey Hepburn war eine der berühmtesten Cloche-Trägerinnen. Sie galt als Stilikone und wurde von ihren Zeitgenossinnen modisch nachgeahmt. Ihr Lieblingsdesigner war Hubert de Givenchy, der nicht nur ihre Filmgarderobe, sondern auch ihre private Kleidung entwarf. Seine Hüte für die Filme »Ein süßer Fratz« oder »Frühstück bei Tiffany« waren stilbildend für die 1960er-Jahre.

## Cowboyhut

Der Cowboyhut gehört zu Amerika wie die Freiheitsstatue oder der Hamburger, und ähnlich wie diese beiden Wahrzeichen ist auch er ein Importprodukt – ausgerechnet aus jenem Land, gegen dessen Migranten sich die USA heute mit allen möglichen Mitteln wappnen. Nachdem die USA zu Beginn des 19. Jahrhunderts die ursprünglich mexikanischen Staaten Texas, Nuevo México und Alta California besetzt hatten, arbeiteten zahlreiche mexikanische Kuhhirten, die sogenannten *Vaqueros,* für die neuen Landbesitzer, bekleidet mit dem später so bezeichneten Cowboyhut.

Der klassische amerikanische Cowboyhut ist der Stetson, der 1865 von John B. Stetson entwickelt wurde. Dieser stammte aus einer Hutmacherfamilie aus Philadelphia und hatte im Westen sein Glück als Goldgräber versucht. Er produzierte den ersten Hut aus Biberhaar, später aber auch aus dem günstigeren Hasenhaar. Heute findet man auch Exemplare aus Leder und aus Stroh. Der klassische Cowboyhut hat eine seitlich leicht nach oben verlaufende Krempe und drei Einbuchtungen am Kopfteil. Meist verfügt er noch über ein Hutband aus Leder oder Rips, bekannt ist er unter dem Namen »Cattleman«.

Der Cowboyhut verdankt seine Bekanntheit dem Western, der besonders in der ersten Hälfte des 20. Jahrhunderts ein beliebtes Filmgenre war. Durch Schauspieler wie John Wayne, Gary Cooper, Kirk Douglas und Clint Eastwood wurde der Cowboyhut zu einem der Symbole Amerikas.

## Doktorhut

Im Mittelalter schmückten sich die Studenten nach Abschluss ihres Studiums mit einem Barrett, um ihre neu gewonnene Selbstständigkeit zu zeigen. Aus dieser Tradition entwickelte sich der Doktorhut. Heute verstehen wir darunter eine schwarze Kappe, auf deren Scheitel eine viereckige Platte liegt, die mit einer Quaste geschmückt ist. In dieser Form stammt er aus Großbritannien, wo er *Mortarboard,* auf Deutsch Mörtelbrett, genannt wird. An den britischen und amerikanischen Universitäten ist dieser Hut bis heute Brauch, wird inzwischen aber vor allem beim Erwerb eines Master-Titels verwendet.

An den deutschen Universitäten kam es 1968 zum Aufstand, der sich unter anderem gegen die mangelnde

Aufarbeitung der NS-Vergangenheit, aber auch gegen das elitäre Universitätssystem und seine alten, reaktionären Professoren richtete. Mit dem Leitspruch »Unter den Talaren – Muff von tausend Jahren« wurde auch gegen die als verstaubt empfundenen Kleidertraditionen wie Talar und Doktorhut gekämpft, die deshalb abgeschafft wurden. In den letzten Jahren wurden sie von einigen Universitäten wieder eingeführt, das kollektive Hüte-in-die-Luft-Werfen dürfte wohl durch zahlreiche Kinofilme aus den USA nach Europa geschwappt sein.

Für Wien gibt es ein Kuriosum: Als 2014 ein Piktogramm für die Universitäten im Stadtplan gesucht wurde, entschied man sich für den Doktorhut, obwohl zu diesem Zeitpunkt keine einzige der in Wien vertretenen Universitäten bei ihren Zeremonien einen solchen verwendete.

## Dreispitz

Der Dreispitz ist eine Weiterentwicklung des Kastorhuts, eines Huts aus Biberfilz – angeblich, um einen besseren Schutz vor Regen zu bieten. Im Reunionskrieg, der im 17. Jahrhundert in Flandern ausgetragen wurde, begannen die Soldaten zunächst die Krempe nur auf einer Seite, dann auf drei Seiten hochzuschlagen, sodass das in der Krempe aufgefangene Regenwasser jeweils an den Spitzen ablaufen konnte. Diese Art, den Hut zu tragen, wurde im Lauf der Gefechte von französischen Kämpfern übernommen. Oft wurde auf einer Seite der hochgeschlagenen Krempe eine Kokarde oder ein anderes Schmuckstück angebracht, das einerseits als Zierde diente, andererseits die Zugehörigkeit zu einer Gruppe oder Nation ausdrückte. Im 18. Jahrhundert dominierte der Dreispitz die Mode der Männer.

## Fedora

Der Fedora ist ein breitkrempiger, weicher Filzhut, dessen Krempe im vorderen Bereich meist leicht nach unten geknickt ist. In der Hutkrone weist er vorne auf beiden Seiten eine Einbuchtung auf. Dieser Hut leitet seinen Namen von einer Theaterrolle ab, und zwar der Prinzessin Fédora Romanova aus dem Theaterstück »Fédora« von Victorien Sardou. Die berühmte Schauspielerin Sarah Bernhardt trug 1882 in diesem Stück einen solchen Filzhut, der besonders unter Frauen zu einem neuen Modetrend wurde. Nach der Jahrhundertwende wurde er zusehends auch bei Männern beliebt. Seine größte Verbreitung hatte er in den 1930er- und 1940er-Jahren in den USA. Er war sowohl für die Mafia der amerikanischen Prohibitionszeit als auch für Privatdetektive typisch und gilt als krönende Vervollständigung des sogenannten *Zoot Suits:* Dieser Anzug besteht aus einer hoch taillierten Hose, an den Beinen weit, zu den Füßen hin eng, einem langen Jackett mit weit geschnittenen Ärmeln und gepolsterten Schultern. Aus Hollywood-Filmen kennen wir ihn aus Nadelstreif-Stoff in Kombination mit schwarzweißen, eher spitzen Budapester Schuhen. Der wohl berühmteste Mafioso Al Capone war auch ein überzeugter Fedora-Träger. Angeblich forderte er seine Männer auf, graue Fedoras zu tragen, sodass sie von ihresgleichen erkannt wurden und sich von den gesetzestreuen Bürgern unterschieden.

Einer der berühmtesten Fedora-Träger war Humphrey Bogart, der ihn sowohl in seiner Rolle als Privatdetektiv in »Der Malteser Falke« und »Tote schlafen fest« als auch in »Casablanca« trug. Fedora und Trenchcoat wurden zum Markenzeichen Bogarts und sind so untrennbar mit ihm

verbunden, dass Hüte in der Form des Fedoras von vielen Hutproduzenten heute als »Bogart-Hut« verkauft werden.

Auch für Edward Hopper war der Fedora das Sinnbild des amerikanischen Huts: In einem seiner bekanntesten Gemälde, »Nighthawks« aus dem Jahr 1942, tragen die beiden Männer an der Bar eines typischen amerikanischen Diners Fedoras.

Johnny Depp ist derzeit weltweit wohl der Schauspieler, der am öftesten mit Hut anzutreffen ist. Seinen ersten Fedora trug er bereits 1987. Im Lauf der Jahre zierten unterschiedlichste Kopfbedeckungen sein Haupt, aber der Fedora ist der Hut, zu dem er am häufigsten greift, aus Filz wie aus Stroh und in unterschiedlichen Farben, aber immer mit einer gewissen Lässigkeit, die es ihm erlaubt, auch bei wichtigen gesellschaftlichen Anlässen in zerbeulten, teilweise sogar löchrigen Fedoras aufzutreten.

### Florentinerhut

Der Florentinerhut ist ein flacher Strohhut mit breiter Krempe, meist mit Blumen, Bändern oder Schleiern verziert, der ausschließlich von Frauen getragen wurde. Häufig wurde er mit langen Bändern aus Seide oder Rips versehen, um ihn unter dem Kinn binden zu können. Ursprünglich wurde er aus dem Stroh des Sommerroggens hergestellt, der in der Gegend um Florenz wuchs, das schon im 16. Jahrhundert berühmt für seine Strohflechterinnen war. Der Medici-Fürst Cosimo I. pflegte Strohhüte an die Oberhäupter der Königreiche in ganz Europa zu verschenken. Wie sehr Hüte Ausdruck ihrer Zeit sind, lässt sich gerade am Florentinerhut ablesen. Waren Strohhüte ursprünglich Teil der bäuerlichen Arbeitskleidung, so wurden sie ausgehend von England im 18. Jahrhundert zum Modeaccessoire. Als Folge eines veränderten Verhältnisses zur Natur wurden Strohhüte nun auch von Damen der besseren Gesellschaft getragen, anfangs jedoch ausschließlich als Gartenhut. Erst im späten 18. Jahrhundert wurde der Florentinerhut auch Teil der eleganten Garderobe. Das Motiv der sogenannten Schäferidylle als Ausdruck einer neu entstandenen Nähe zur Natur fand auch in der Kunst Niederschlag und ließ den breitkrempigen Strohhut, geschmückt mit Blumen, Ähren und Früchten, zum Symbol eines neuen Lebensgefühls werden. Von Mitte des 19. Jahrhunderts bis Anfang des 20. Jahrhunderts wurde er gerne als Sommerhut getragen, war aber auch noch in den 1930er- und 1950er-Jahren ein modisches Accessoire der Damenbekleidung.

## Girardi

Manchmal kommt es vor, dass der Name eines Prominenten zum Namen eines Huts wird. So versteht man in Österreich unter einem »Girardi« einen Strohhut mit schwarzem oder blau-rotem, breitem Hutband und gerader Krempe. Alexander Girardi (1850–1918), ein berühmter Wiener Operettenstar, trug diesen bei seinem Auftritt in der Operette »Fürstin Ninetta« von Johann Strauss Sohn. Das Hutmodell war so erfolgreich, dass der bis dahin als *Canotier* bekannte steife Strohhut von diesem Tag in Österreich »Girardi« genannt wurde. Der Girardi avancierte zu *der* Sommerkopfbedeckung für den Herrn in den 1890er-Jahren in Wien. International war er ursprünglich von Kahnfahrern getragen worden und ist in England als *Boater*, in Frankreich als *Matelot* oder *Canotier* bekannt, in Deutschland und Österreich als Kreissäge. Eine Renaissance erlebte dieser Strohhut ab den 1920er-Jahren, Persönlichkeiten wie Maurice Chevalier oder Fred Astaire machten ihn zu ihrem Markenzeichen.

## Kalabreser

Wie schon der Name vermuten lässt, stammt dieser Hut ursprünglich aus Kalabrien, wo ihn während des Risorgimento im 19. Jahrhundert die italienischen Revolutionäre trugen, die einen geeinten, unabhängigen Nationalstaat forderten.

Er ist ein breitkrempiger, eher weicher Filzhut, der oben spitz zuläuft oder abgerundet ist, oft geschmückt mit einem Hutband und einer großen Feder. Seinen großen Auftritt hatte er vor allem in der Revolution von 1848. Der Kalabreser fand durch zahlreiche Karikaturen Verbreitung und wurde auf vielen Gemälden festgehalten. Wie eindeutig seine Symbolkraft war, zeigt eine Anekdote. In dem romantischen Gemälde »Faust und Gretchen im 19. Jahrhundert« von Franz Dobiaschofsky (Belvedere Wien) aus dem Jahr 1848 war Faust ursprünglich als Student mit einem Kalabreser in der Hand und einer schwarz-rot-goldenen Schärpe dargestellt. Anlässlich einer Ausstellung im Wiener Kunstverein im Jahr 1848 musste das Bild vom Künstler übermalt werden. Kalabreser und Schärpe verschwanden, stattdessen wurde Faust ein Zylinder in die Hand gegeben, also der Hut, der inzwischen für die bürgerliche Ordnung stand.

In Wien wurde der Kalabreser sogar zur offiziellen Kopfbedeckung der Akademischen Legion, in der sich die revolutionären Studenten zusammenschlossen. Deren Hüte waren stark vom Kalabreser beeinflusst, wenn auch anfangs noch weniger ausladend. Im Lauf der Revolution wurden die Hutkrempen und die Straußenfedern immer größer. Im Volksmund wurden diese »Studentenhüte« auch »Stürmer« genannt. Im »Studentenlied vom deutschen Stürmer« von Ludwig Eckardt steht der Studentenhut symbolhaft für diesen gemeinsamen Kampf: »Dass unter einen kleinen Hut / Ein ganzes Volk zu bringen, / Das konnte dem Studentenhut, / – Bei Gott – allein gelingen!« Das Lied endet mit den Zeilen: »Ich tausche meine Hut nicht ein / Gen Fürstengold und Throne / – Die schönste Krone ist ja mein, / Mein Stürmer ist des Volkes Krone!« Mit der Niederschlagung

der Revolution durch die kaiserlichen Truppen wurde die Nationalgarde und mit ihr die Akademische Legion am 1. November 1848 aufgelöst. Der Kalabreser aber hat sich als Symbol für die Revolution von 1848 erhalten.

### Kastorhut

Ein Hut, der in ganz Europa Verbreitung fand, war der Kastorhut, der sich im 17. Jahrhundert zur allgemeinen Kopfbedeckung des Mannes entwickelte, wobei sich der Name ursprünglich weniger auf die Form als auf die Machart des Huts bezog: Er war aus Biberfilz gemacht, das lateinische bzw. französische Wort *castor* für Biber wurde zum Überbegriff für diese Kopfbedeckung. Form und Trageweise des Huts variierten von Land zu Land. In England war er als »Puritaner-« oder »Quäkerhut« bekannt, in Frankreich als »Schlapphut« und im deutschsprachigen Raum als »Schwedenhut«.

Biberfilz war deshalb besonders beliebt, weil sich Biberhaare besonders gut verfilzen lassen. In Nordamerika und Europa führte das beinahe zum Aussterben des Bibers: Der Biberfilzhut eroberte von England aus im 18. Jahrhundert auch die Vereinigten Staaten. Dort witterten die Pelzhändler und -jäger ein gutes Geschäft und machten sich auf, das begehrte Biberfell zu erbeuten. Es kam zu blutigen Auseinandersetzungen mit den autochthonen Irokesen, die als »Biberkriege« (zwischen 1640 und 1701) in die Geschichte eingingen. Zwischen 1820 und 1840 erlebte die Biberjagd in den USA ihre Hochphase. Die sogenannten Trapper machten sich auf der Suche nach Bibern zunehmend in Richtung Westen auf und spielten damit eine entscheidende Rolle bei der amerikanischen Siedlungsbewegung. Waren die Biberbestände in Eurasien schon bereits um 1600 stark dezimiert, erlitt der amerikanische Biber rund 250 Jahre später das gleiche Schicksal.

Das Biberfell wurde sowohl als Ganzes wie auch in verarbeiteter Form als Biberfilz verwendet. Dieser war begehrt und dementsprechend teuer. Deshalb gab es ganze, halbe oder Viertelbiberfilzhüte, je nachdem, wie hoch der Anteil der Biberhaare war. In manchen deutschen Kleiderordnungen des 17. Jahrhunderts wurde festgehalten, dass der Erste Stand (der Klerus) nur Halbbiberfilzhüte tragen durfte, anderen Ständen wurden sie gänzlich verboten – so zum Beispiel in Braunschweig 1630.

Die industrielle Herstellung des Biberfilzes war sehr ungesund, da bei der Beize der Felle giftiges Quecksilbernitrat zum Verfilzen der Haare verwendet wurde. Der regelmäßige Kontakt mit Quecksilber führte zu einer Quecksilbervergiftung. Der englische Ausdruck *mad as a hatter* (»verrückt wie ein Hutmacher«) geht darauf zurück. Der »verrückte Hutmacher« wurde auch durch die Figur des »Hutmachers« in »Alice im Wunderland« von Lewis Carroll allgemein bekannt, in Fachkreisen sprach man vom Hutmachersyndrom.

Formal war der Kastor ein Hut mit unterschiedlich breiter Krempe und einem hohen, zylindrischen Rohr. Verdrängt

wurde er schließlich in der ersten Hälfte des 19. Jahrhunderts vom niedrigeren, aus Seide oder Seidenplüsch hergestellten Zylinder.

## Melone

Unter dem Begriff Melone versteht man einen steifen Hut mit abgerundetem Kopfteil. Er ist auch heute noch als Bowler bekannt. 1849 wurde er erstmals in London von den Hutmachern Thomas und William Bowler gefertigt. Die Entwicklung dieses Huts war ein Auftragswerk: William Coke, Vetter des Earl of Leicester, oder dessen jüngerer Bruder Edward Coke bestellte diesen Hut für seine Jagdaufseher. Der bis dahin verwendete Zylinder hatte sich als äußerst unpraktisch erwiesen, da er immer wieder durch Äste vom Kopf gestoßen wurde.

Die Melone ist aus schwarzem Filz gefertigt und hat eine steife, mit Schellack überzogene Krempe. Der Hut verbreitete sich schnell und gewann auch in den USA viele Anhänger, besonders unter Cowboys und Eisenbahnarbeitern. Auch einige berühmte Wild-West-Figuren wie Butch Cassidy und Billy the Kid waren für ihre Melonen berühmt. Einen interessanten Weg nahm der Bowler nach Bolivien, wo er in den 1920er-Jahren durch britische Eisenbahnbauer eingeführt wurde und dann Eingang in die traditionelle Kleidung der Indio-Frauen gefunden hat, die heute noch melonenähnliche Hüte tragen.

Die Melone spielte für zahlreiche Schauspieler und Komiker eine große Rolle. Für Charlie Chaplin, Stan Laurel und Oliver Hardy gehörte die Melone quasi zur Berufsbekleidung und spielte in vielen Filmszenen oder Sketches eine eigene Rolle. Ein Dauergag bei Laurel und Hardy waren die vertauschten Hüte nach Stürzen oder anderen Verwicklungen, der Rücktausch gestaltete sich dann oft sehr umständlich. Auch die Fantasiefigur Pan Tau, der stets freundlich lächelnde, sehr elegante Herr im Stresemann-Anzug mit Regenschirm und einer weißen Nelke im Knopfloch, trug immer eine Melone.

»Mit Schirm, Charme und Melone« war der deutsche Titel der englischen Fernsehserie »The Avengers«, die 1960 zuerst im britischen Fernsehen lief und ab 1966 auch im deutschen TV. Der Titel bezieht sich auf die elegante Hauptrolle des John Steed, der als Agent im Lauf der Jahre zunächst mit männlichen, dann mit weiblichen Partnerinnen in James-Bond-Manier zahlreiche Fälle löst.

## Panamahut

Der wohl berühmteste Strohhut verdankt seinen Namen einem Missverständnis. Unter dem Panamahut verstehen wir heute einen handgeflochtenen Hut aus Ecuador, dessen Geschichte sich bis ins 17. Jahrhundert zurückverfolgen lässt. Er wird aus dem feinen Stroh der Toquilla-Palme geflochten, die eigentlich keine Palme, sondern ein Scheibenblumen-

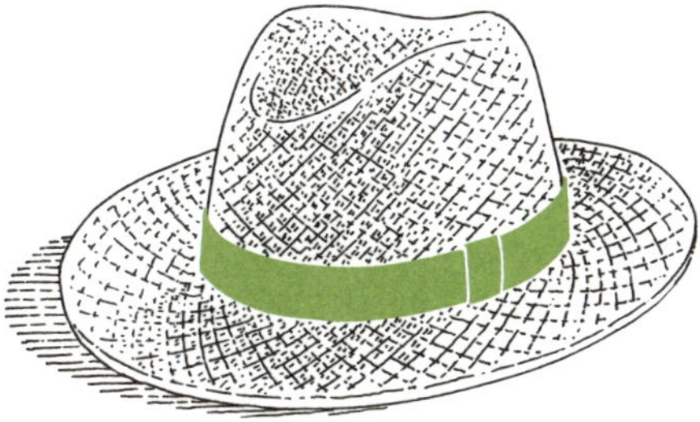

gewächs ist. Über die Herkunft des Namens gibt es verschiedene Anekdoten: Zur ersten falschen Bezeichnung kam es im Jahr 1855: Der für Napoleon III. bestimmte Hut aus *paja toquilla* wurde in Panama eingeschifft, weshalb Panama in Frankreich als Ursprungsland galt.

Die falsche Herkunftsbezeichnung verbreitete sich weiter, als es in den USA im 19. Jahrhundert Zollbestimmungen gab, die jeglichen Direktimport von Gütern, an deren Produktion keine US-amerikanischen Firmen beteiligt gewesen waren, verboten – der Import musste über die zentrale Sammel- und Zollstelle in Panama erfolgen, wo die Waren den Stempel »Panama« bekamen. Das galt auch für die aus Ecuador importierten Hüte. Als Theodore Roosevelt bei der Besichtigung des Panama-Kanals 1906 einen ecuadorianischen Toquilla-Strohhut trug, ging das Foto des Präsidenten weltweit durch die Presse. Das Bild hat den Namen Panamahut erst recht verfestigt und dem Hut zu großer Bekanntheit verholfen. Es wird auch berichtet, dass die Arbeiter des Panama-Kanals zum Schutz gegen die Hitze Strohhüte trugen, die sie dann daheim als Panamahüte bezeichneten.

Seit 1630 wird diese Art Hut in Ecuador hergestellt, seit Mitte des 19. Jahrhunderts gibt es auch Produktionsstätten in Peru, Kolumbien, Nicaragua und Mexiko, nachdem 1859 ein Priester die Toquilla-Pflanze nach Mexiko eingeführt hat. Der Name bezieht sich nicht auf eine bestimmte Form, sondern auf die Produktionsweise: Bis heute wird der Panamahut handgefertigt. Kennzeichen des Panamahuts ist einerseits seine Leichtigkeit, andererseits ist der Hut dafür berühmt, dass er zusammengerollt werden kann. Auf die Dauer funktioniert das allerdings nur in Klimazonen mit hoher Luftfeuchtigkeit. In unseren Breitengraden brechen die feinen Fasern, wenn sie öfter gerollt werden. Je dünner die Fasern sind, umso mehr Zeit und Aufwand braucht es für die Herstellung. Dementsprechend hoch können die Preise sein. Der derzeitige Rekord für einen Panamahut liegt bei 100.000 Dollar.

Zahlreiche Prominente waren überzeugte Träger des Panamahuts, darunter neben Napoleon III. und Theodore Roosevelt auch John D. Rockefeller, Winston Churchill, Harry S. Truman, Erich Honecker, Orson Welles, Humphrey Bogart, Gary Cooper, Paul Newman und Ernest Hemingway.

### Pillbox – Hut oder nicht Hut?

Gemäß der Definition, dass ein Hut nur dann ein Hut ist, wenn er eine Krone und eine Krempe hat, ist die sogenannte Pillbox kein Hut. Dennoch wird diese Art der Kopfbedeckung immer als Hut bezeichnet – weshalb wir ihn der Ordnung halber hier aufnehmen.

Der Pillbox, zu deutsch Pillendöschenhut, hat einen steifen, ovalen oder runden Körper, der oben abgeflacht ist, allerdings ohne Krempe. Er war und ist in vielen Regionen der Welt im Einsatz, oft als Bestandteil lokaler Trachten,

seit der zweiten Hälfte des 19. Jahrhunderts wurde er auch Teil der Uniform einiger Militäreinheiten. Der eigentliche Pillbox, also ein modischer Damenhut, kam ab den 1930er-Jahren auf und erlebte in den 1950er- und 1960er-Jahren seine größte Verbreitung. Meist ist er einfarbig, aus Wollstoffen, Samt, Seide oder Fell gearbeitet und ohne weiteren Schmuck.

Eine der berühmtesten Pillbox-Trägerinnen war Jackie Kennedy, die als Stilikone verehrt wurde und den Pillbox zum begehrten Modeaccessoire machte. Auch Doris Day griff mit Vorliebe zu diesem Hut. Bei einigen Fluglinien, etwa der deutschen Lufthansa, ist der Pillbox Teil der Berufsbekleidung der Flugbegleiterinnen, auch Hotelpagen tragen einen Pillbox. Bei offiziellen Anlässen ist er immer noch, wenn auch selten, zu sehen: So trug ihn die französische First Lady Carla Bruni 2008 bei ihrem ersten offiziellen Auftritt.

### Pork Pie

Dieser Hut trägt einen wahrlich kuriosen Namen und würde auf deutsch Schweinepastete heißen. Seinen Namen verdankt er tatsächlich einer Schweinepastete, die in der englischen Küche eine runde Form hat und von Mürbteig oder Blätterteig ummantelt ist. Der flache Hut erinnerte die

Menschen anscheinend an diese in England beliebte Speise. Der Pork Pie ist ein runder Hut mit einer flachen Hutkrone und einer sogenannten Tellerbeule. Er hat eine schmale Krempe, einen leicht aufgebogenen Rand und ein einfarbiges Ripsband, das seitlich zu einer Schleife gelegt ist. Ursprünglich ein Filzhut, finden sich heute auch Pork-Pie-Hüte aus Stroh und Baumwolle, aber auch aus Leinwand oder Seide. Der Pork Pie entstand im 19. Jahrhundert und wurde von Frauen wie Männern getragen, von letzteren vor allem zum Sportanzug. Größere Verbreitung erlangte der Pork Pie durch die Filme von Buster Keaton. Wie die meisten Hüte hat auch der Pork Pie seit der Mitte des 20. Jahrhunderts stark an Bedeutung verloren. In jüngster Zeit ließen sich prominente Schauspieler wie Brad Pitt oder Musiker wie Pete Doherty und Justin Timberlake wieder mit Pork Pie sehen.

### Trilby

Eine Variante des Fedoras ist der Trilby: Von der Form her sehr ähnlich, ist beim Trilby die Krempe schmäler und er macht generell einen kompakteren Eindruck. Meist ist er knautschbar, heute wird er als Filz- und als Strohhut produziert. Ursprünglich galt er als Hut der britischen Upperclass und war dementsprechend in England häufig auf Pferderennbahnen zu sehen.

Auch dieser Hut verdankt sowohl Namen als auch Bekanntheit einer Figur aus einem Theaterstück: 1894 wurde der Roman »Trilby« von George du Maurier veröffentlicht. Er entwickelte sich binnen kurzer Zeit zu einem wahren Verkaufsschlager und wurde fürs Theater adaptiert. Die Hauptfigur des Buches, eine junge Wäscherin, die später eine bekannte Sängerin wird, trägt einen schwarzen Filzhut mit kurzer Krempe und integriertem Ripsband.

Der erste berühmte Trilby-Träger war Frank Sinatra. Richtig populär wurde er allerdings durch Sean Connery, der diesen Hut in mehreren James-Bond-Filmen trug. Später wurde der schwarze Trilby als Herrenhut von Michael Jackson und auch von den Blues Brothers übernommen. Für letztere wurde er gemeinsam mit den schwarzen Anzügen, schwarzen Krawatten und Sonnenbrillen zum Markenzeichen.

### Zweispitz

Eine Variante des Dreispitzes ist der Zweispitz, bei dem die Krempe so aufgebogen wurde, dass zwei statt drei Ecken entstanden. Meistens wurde der Zweispitz längs getragen, also mit einer Spitze vorne und einer hinten. Über Napoleon wird berichtet, dass er begonnen habe, den Zweispitz quer zu tragen, damit ihn seine Soldaten im Feld sofort erkannten. Die Tradition, den Zweispitz quer zu tragen, hat sich bis heute bei den Bereitern der Spanischen Hofreitschule in Wien erhalten. Deren Uniform ist seit 200 Jahren unverändert. Eine weitere interessante Tradition hat sich bis heute erhalten: Reiten die Bereiter in die Halle ein, wird der

Hut nicht vor den Besucher*innen gelüpft, sondern vor dem Bildnis von Kaiser Karl VI., als Dank für den Bau der Winterreitschule, den er veranlasst hatte.

## Zylinder

Der Zylinder hat im Lauf seiner langen Geschichte immer wieder einen Bedeutungswandel erfahren. In zahlreichen Karikaturen funktioniert er als leicht dechiffrierbares Zeichen, bis heute wird er in unterschiedlichen Kontexten getragen. Als Personifikation des Kapitals übernahm der meist dickbäuchige Zylinderträger die Rolle des Klassenfeindes, vor allem in der linken Propaganda während des 20. Jahrhunderts. In der ersten Hälfte des 20. Jahrhunderts wurde das Bild des zylindertragenden Kapitalisten in der faschistischen, antisemitischen Propaganda gleichbedeutend für den »kapitalistischen Juden« verwendet.

Der Zylinder ist ein hoher, steifer Herrenhut mit zylindrischem Kopf und fester Krempe. Er wird aus Filz, Seide oder Seidenplüsch hergestellt, manchmal auch aus Stroh. Der klassische, meist schwarze, harte Glanzzylinder verfügt über leicht taillierte Seiten. Meist ist er mit einem langflorigen Samt bezogen, dessen flach liegende Härchen im Licht glänzen.

Eine Variante des Zylinders ist der Ofenrohrhut, der sich in den USA großer Beliebtheit erfreute. Im Gegensatz zum normalen Zylinder hat er hohe, gerade Seiten.

Im 19. Jahrhundert erlangte auch der Halbzylinder in den USA während der Präsidentschaft Abraham Lincolns immer größere Beliebtheit. Wie der Name schon suggeriert, ist er kürzer als der klassische Zylinder und meist von brauner oder grauer Farbe.

Der heute als Zylinder bekannte Hut geht auf einen hohen Hut aus Wollfilz oder Biberhaarfilz zurück, der auch als Biberhut oder Kastorhut bezeichnet wurde. Er wurde ab ca. 1780 von englischen Landedelmännern getragen. Für die Herstellung der frühen Zylinder verwendete man hellgrauen oder hellbeigen, seltener schwarzen Filz.

Als Kopfbedeckung mit revolutionärer Botschaft kam er aus dem amerikanischen Unabhängigkeitskrieg über England nach Frankreich, wo ihm im Zuge der Französischen Revolution erste größere Aufmerksamkeit geschenkt wurde: Als der Dritte Stand 1789 in die Nationalversammlung einzog, trugen dessen Vertreter als bewussten Kontrast zur bunten Kleidung des Adels einen schwarzen Frack und einen Zylinder – und sie bestanden darauf, ihn auch in Gegenwart des Adels aufzubehalten. Der Zylinder wurde damit zum Zeichen des revolutionären Bürgertums.

Mit der Durchsetzung der Ideen des Bürgertums verlor der Zylinder jedoch seine revolutionäre Botschaft und wurde zum Zeichen von patriarchaler Ruhe und Gelassenheit. Im ausgehenden 19. Jahrhundert stand er zunehmend für moralische Strenge und charakterliche Unbeugsamkeit. Parallel dazu entwickelte sich der Zylinder zum Bestandteil bestimmter Berufstrachten, zum Beispiel der Rauchfangkehrer und der Kutscher.

In Wien wurde während der Revolution von 1848 der Begriff »Angströhre« geprägt, sie bezeichnet den Zylinder jener Studenten, die im Zuge der Unterdrückung der Revolution statt zum revolutionären Kalabreser wieder zum reaktionären Zylinder griffen.

Heute wird der Zylinder nur noch zu besonders festlichen Anlässen zum Cutaway oder Frack getragen – in Wien ist er beim Opernball hin und wieder zu sehen. Beim Dressurreiten konnte sich in den höheren Klassen der Zylinder zum Reitrock durchsetzen. Magier zaubern auch heute noch weltweit ihre Kaninchen aus einem schwarzen Zylinder. Die Wagenmeister jener Hotels, die auf ihre lange Tradition stolz sind oder eine solche suggerieren wollen, tragen bis zum heutigen Tage ebenfalls Zylinder.

Eine Variante des Zylinders ist der Chapeau Claque. Der auf- und zusammenklappbare Zylinder wurde 1823 vom Pariser Hutmacher Gibus erfunden, später vom Pariser Hutmacher Duchêne verbessert. Der Grund: Im Theater oder in der Oper nahm man den Zylinder ab, ihn in der Hand zu behalten, war unpraktisch, und in den meisten Garderoben gab es keinen Platz dafür. Die Erfindung des Chapeau Claque machte es möglich, ihn unter dem Arm ins Theater und zum Ball mitzunehmen. Außerdem konnte er auf Reisen in flachen Hutschachteln verstaut werden.

### Post Skriptum: Fingerhut

Auch wenn er nicht zur Kategorie der Kopfbedeckungen gehört, sei er doch hier nicht unerwähnt – der Fingerhut: Wie der Hut hat er Schutz- und Repräsentationsfunktion. Zusätzlich verstärkt er den Fingerdruck und ist gerade beim Nähen undurchlässiger Stoffe sehr hilfreich. Der Standardfingerhut, den wir heute im Nähzubehörgeschäft kaufen können, ist aus Metall und wird entweder gepresst, gezogen oder in Spritzgusstechnik hergestellt.

Die ersten Fingerhüte aus Knochen wurden rund um Moskau gefunden und sind ca. 30.000 Jahre alt. Sie wurden von Mammutjägern zum Aufnähen von Perlen auf Leder verwendet. Im Mittelmeerraum kamen die ersten Fingerhüte vor ca. 2500 Jahren auf und waren aus Bronze. In den alpinen Raum gelangten sie mit den Eroberungen der Römer. Wie wichtig ein Fingerhut war, beweist auch die Beschreibung der Aussteuer, die Hildegard von Bingen 1150 ins Kloster mitnahm: Ihr Fingerhut wurde auf dieser Liste extra erwähnt.

*Den Hut rumgehen lassen*

✳

*Den Hut nehmen*

✳

*Das kannst du dir an den Hut stecken!*

✳

*Damit habe ich nichts am Hut!*

✳

*Dann war ich so klein mit Hut!*

✳

*Den Hut an den Nagel hängen*

✳

*Hut in der Hand, hilft durchs ganze Land!*

✳

*Greif geschwind zum Hut*
*und langsam zum Beutel.*

# *Typen mit Hut*

## Werther

Mit dem Werther hatte Johann Wolfgang von Goethe im Jahr 1774 eine Figur geschaffen, die zahlreiche Leser*innen beeinflusst hat. In den Jahren nach Erscheinen des Buches »Die Leiden des jungen Werther« sprachen manche Zeitgenossen von einem Werther-Fieber, das einerseits angeblich zu zahlreichen Selbstmorden führte, andererseits den von Goethe beschriebenen Kleidungsstil in Mode brachte. Neben dem blauem Tuchfrack, der gelben Weste, Kniehosen aus gelbem Leder und Stulpenstiefeln gehörte auch ein runder Hut aus grauem Filz dazu. Die Kleidung, die Goethe für Werther entwarf, war nach englischem Vorbild gestaltet und folgte dem Kleidungsstil von Karl Wilhelm Jerusalem, einem Studienkollegen Goethes, der wie Werther Selbstmord begangen hatte und bei seinem Tod so gekleidet gewesen war. Goethe erfand die sogenannte Werther-Tracht nicht, aber durch Goethes Werk wurde sie schließlich auch in

Deutschland zur Kleidung fortschrittlich gesinnter Bürger. Kleidete man sich in der Werther-Tracht, zeigte man sein Bedürfnis nach persönlicher Freiheit und revoltierte gleichzeitig gegen die höfischen Sitten. Goethe selbst trug die Werther-Tracht und drückte so seine Abkehr von der französischen Hofkleidung aus. Er trug sie auf seiner ersten Reise in die Schweiz 1775 und führte sie danach am Weimarer Hof ein.

Allerdings wurde die Werther-Tracht in einigen Städten schnell wieder verboten. Um weiteren Selbstmorden vorzubeugen, wurde 1775 vom Leipziger Stadtrat nicht nur die Verbreitung des Buches untersagt, sondern auch das Tragen der sogenannten Werther-Tracht – ein Verbot, das bis 1825 aufrecht blieb.

### Joseph Beuys

Sucht man im Internet nach Fotos von Joseph Beuys, findet man kaum welche, die ihn ohne Hut zeigen. Sein Markenzeichen war ein brauner Filzhut der Marke Stetson, den er stets in London erwarb. Wie viele Geschichten, die Beuys über sich selbst erzählte, ist auch die Geschichte, warum er einen Hut trug, eine erfundene: Er behauptete, er habe nach seinem Absturz als Kriegspilot eine Silberplatte in den Kopf implantiert bekommen, die er mit dem Hut zu schützen habe.

Beuys, der in den Medien oft als der »Mann mit dem Hut« bezeichnet wurde, nützte die Wirkung seines Huts, der ihn einerseits weithin sichtbar werden ließ, ihm gleichzeitig auch Macht verlieh und sein künstlerisches Profil verstärkte. Beuys spielte auch mit dem in sich widersprüchlichen Bild vom Bürgerschreck und zugleich bürgerlichen Hutträger.

Andy Warhol, der im Stil seiner ikonenhaften Darstellungen von Künstler*innen auch ein Porträt von Beuys mit Hut schuf, beschrieb, dass Beuys ein »hässliches, vom Leben gezeichnetes Gesicht mit der klassischen Eleganz des Huts« verband.

Wenige Tage vor seinem Tod im Jahre 1986 bekam Beuys von der Stadt Duisburg den Wilhelm-Lehmbruck-Preis verliehen. Einer der Laudatoren, der Direktor des Kröller-Müller-Museums in den Niederlanden, sprach dabei den denkwürdigen Satz: »Unter diesem Hut steckt Utopia« – ein Satz, der zeigt, wie sehr Beuys' Hut mit seiner Person identifiziert wurde.

## Marlene Dietrich

Eine Vertreterin des weiblichen Geschlechts, die es hervorragend verstand, ihre Weiblichkeit mit dem männlichen Hut zu »krönen« und ihn damit gleichzeitig zu konterkarieren, war Marlene Dietrich. Sie erschien 1930 in dem Film »Der Blaue Engel« erstmals mit Zylinder und Strapsen und sang so gekleidet das Lied »Ich bin von Kopf bis Fuß auf Liebe eingestellt«. In diesem gewagten Aufzug machte sie den biederen Professor Unrat von sich abhängig. Das Spiel mit Geschlechterrollen trieb sie im nächsten mit Josef von Sternberg gedrehten Film »Marokko« auf die Spitze. Mit einem Zylinder und im bis zu diesem Zeitpunkt ausschließlich von Männern getragenen Smoking lehnt sie sich einerseits gegen gängige Konventionen auf, gleichzeitig spielt sie auch hier mit einer zweideutigen Geschlechterrolle. Betont provokant küsst sie in diesem Film eine junge, schüchtern wirkende Frau lange auf den Mund und ruft damit ein verschämtes Lächeln des Mädchens ebenso hervor wie schallendes

Gelächter, aber auch irritierte Blicke der Umstehenden. Das Kinopublikum reagierte teilweise geschockt und fühlte sich provoziert. Heute ist Marlene Dietrichs Auftritt in Smoking und Zylinder ein ikonischer Moment der Filmgeschichte, der auch zahlreiche Frauen nach ihr beeinflusst hat – das Spiel mit Weiblichkeit und männlicher Kleidung wurde nicht nur von der Mode, sondern später auch von Künstlerinnen wie Madonna aufgegriffen. Marlene Dietrichs Liebe zu einer androgynen Mode und die selbstverständliche Art, mit der sie diese getragen hat, ebnete auch zukünftigen Hollywood-Schauspielerinnen, die gerne Männerkleidung trugen, den Weg. Greta Garbo und später Audrey Hepburn sowie Marilyn Monroe sind einige prominente Beispiele für Schauspielerinnen, die sich sowohl vor der Kamera als auch im Privatleben gerne in Hosen zeigten.
Marlene Dietrich spielte zeit ihres Lebens mit ihrer zweideutigen Rolle und stand auch offen zu ihrer Bisexualität. Im Blog der Auktionsplattform Barnebys wird sie dazu so zitiert: »Ich bin völlig eins mit meiner Bevorzugung von Herrenkleidung – ich trage sie nicht, um aufsehenerregend zu sein … Ich denke, ich bin viel verführerischer in dieser Kleidung.«

Marlene Dietrich war zwar nicht die erste Frau, die in der Öffentlichkeit Männerkleidung trug, aber sie war sicher die berühmteste.

Eine Künstlerin, die bei ihren Bühnenshows nichts dem Zufall überlässt und während einer Show mehrfach das Outfit wechselt, ist Madonna. Sie hat nicht nur auf der Bühne immer wieder zum Zylinder gegriffen, sondern ist auch bei öffentlichen Events im Smoking mit Zylinder erschienen, um ihre betont weibliche Ausstrahlung in Kontrast zur Männerkleidung in Szene zu setzen, eine eindeutige Reverenz an Marlene Dietrich, als deren Bewunderin sich Madonna immer wieder deklarierte.

### Queen Elisabeth II.

Ein Buch über Hüte kann nicht geschrieben werden, ohne Queen Elisabeth II. zu erwähnen, die berühmteste Hutträgerin der letzten 90 Jahre. Sie kann keinem der beschriebenen Hüte zugewiesen werden, da sie im Lauf ihres Lebens unzählige unterschiedliche Hüte trug, in allen nur vorstellbaren Farben, meist passend zu ihrem restlichen Outfit. Queen Elisabeth war bekannt dafür, dass sie jedes Jahr mehrere Hüte kaufte bzw. für sich machen ließ. Insgesamt soll sie im Lauf ihres Lebens über 5000 unterschiedliche Hüte getragen haben.

### Der Hut im Film

Einen Hut in ein Filmkostüm zu integrieren, will gut überlegt sein. Er geht leicht verloren, er geht kaputt, wenn er zu viel benutzt wird, man stößt mit ihm an Mikrofone oder er verrutscht von Cut zu Cut. Mit ihrer Fähigkeit, leicht lesbare Zeichen zu setzen, sind Hüte aber aus der Filmindustrie nicht wegzudenken. In wenigen Augenblicken wird dank eines Huts eine Person definiert. Unvergessen sind zahlreiche Filmszenen, in denen ein Hut oder Hüte eine eigene Rolle zu spielen scheinen. Von Charlie Chaplins Bowler über den Fedora von Indiana Jones bis zu den Cowboyhüten in unzähligen Western und dem Dreispitz Jack Sparrows gehören Hüte zur Ausstattung zahlreicher Filme.

Was wäre die Schlussszene von »Casablanca« ohne Hüte? Das Spiel der Blicke zwischen den Protagonisten wird durch die Hüte unterstrichen. Je nach Kameraeinstellung liegen die Augen im Schatten oder werden im Scheinwerferlicht betont und geben den Blicken eine eigene Bedeutung. Auch Audrey Hepburns Auftritte wurden durch ihre Hüte unterstrichen. In »Frühstück bei Tiffany« dienen die Riesenhüte, meist aus Stroh, dazu, ihre Identität bei ihren Gefängnisbesuchen zu verschleiern. Erst die breiten Hutkrempen in Kombination mit großen Sonnenbrillen erlauben es, ihren Blick zu verstecken oder erst recht ihre großen Augen zu betonen. In dem Film »Wie klaut man eine Million?« charakterisieren die gewagten Hutkreationen Audrey Hepburn als verwöhnte, modebewusste Tochter aus gutem Haus, für ihren Ausflug als Diebin im Museum greift sie zum weichen Filzhut mit großer Krempe, der wieder einerseits ihr Gesicht verdecken soll, andererseits die Betonung ihrer Augen ermöglicht.

Charlie Chaplin ist ohne Hut kaum denkbar. Der Hut, mit dem wir ihn identifizieren, ist der Bowler, der eigentlich für britische Eleganz und Schlichtheit steht und gerade deshalb das etwas heruntergekommene Aussehen von Chaplin in seinen Filmen, in denen er meist mit löchrigen Schuhen und in zu großen, schlecht sitzenden Sakkos auftritt, besonders unterstreicht.

Auch Buster Keaton, dessen Karriere ausschließlich in der Stummfilm-Ära stattfand, war ein überzeugter Hutträger. Sein Signature-Hut ist der Pork Pie, dem Buster Keaton in den 1920er-Jahren zu neuer Berühmtheit verhalf. Er suchte sich diese Art von Hut bewusst aus, um im Kreise anderer Komiker durch die Wahl seiner Kopfbedeckung hervorzustechen.

Dass sich Hüte auch als Waffe eignen, zeigt der Bowler der Figur von Oddjob im James-Bond-Film »Goldfinger«.

Oddjob tritt stets in einem altmodischen Smoking mit Bowler auf und ist damit in seiner Rolle als Chauffeur oder Golf Caddy immer overdressed. Als stummer Diener von Bonds Gegenspieler Goldfinger ging Oddjob mit seinem stahlverstärkten Hut, den er als tödliches Wurfgeschoß einsetzte, in die Filmgeschichte ein.

Auch in Woody Allens »Annie Hall« ist ein Hut ausdrucksstarker Bestandteil der weiblichen Hauptrolle: Diane Keaton spielt darin einen schrulligen Freigeist, der meist in männlichen Pluderhosen mit Gilet und Krawatte auftritt, gekrönt wird ihr Styling von einem übergroßen, auffälligen Bowler, den sie immer in den Nacken geschoben trägt. Sie durfte sich das Outfit selbst aussuchen und ließ sich von der Mode cooler New Yorkerinnen inspirieren. Männerhüte sind bis heute ihr Markenzeichen, ihre Mode würde man heute wohl als »genderfluid« bezeichnen.

Ohne Cowboyhut gibt es keinen Western. Von John Wayne bis Clint Eastwood war er das Markenzeichen eines Cowboys schlechthin. Auch der Italo-Western nahm diese

Tradition auf, auch wenn mit den knöchellangen Ledermänteln versucht wurde, den harten Kuhhirten im Wilden Westen ein anderes Outfit zu verpassen. Unvergessen ist die Anfangsszene in »Spiel mir das Lied vom Tod«, die die Bösewichte quälend lange auf die Einfahrt des Zuges warten lässt und in der die Hüte der verschiedenen Protagonisten auf der Cinemascope-Leinwand riesig in Szene gesetzt werden. In Close-ups sehen wir den Hut, der vor einem Wassertropfen schützt, oder die Gesichtszüge des Ganoven, der in der Mittagshitze mit minimalen Bewegungen seines Gesichts eine lästige Fliege verscheucht, der dritte nimmt seinen Hut demonstrativ ab, um sich den Schweiß von der Stirn zu wischen. Die Hüte betonen die Blicke, die Kamera fokussiert sowohl auf die stahlblauen Augen des Bösewichts Henry Fonda wie auch auf seinen Gegenspieler Charles Bronson, dessen blaue Augen ebenso ausdrucksstark unter dem Hutrand hervorschauen.

Ein ikonischer Cowboyhut in jüngerer Zeit ist der Hut, den die Hauptfigur im Film »Django Unchained« trägt. Django zeigt sich hier in unterschiedlichen Outfits, sein Hut begleitet ihn jedoch konstant. Die Bedeutung des Huts wird noch dadurch verstärkt, dass ihn hier ein ehemaliger Sklave und damit ein Afroamerikaner trägt, der in der Tradition der amerikanischen Cowboys sicher keinen Platz gehabt hätte.

Unter dem Titel »Borsalino« kam 1970 ein französischer Gangsterfilm in die Kinos, in dem die beiden Hauptdarsteller und Lieblinge des französischen Kinos, Alain Delon und Jean-Paul Belmondo, ebendiesen Hut tragen.

Als Beispiel für einen Hut, der selbst eine Rolle übernimmt, sei der »Sorting Hat« in »Harry Potter« genannt. Der spitze Hut heißt in der deutschen Übersetzung der »Sprechende

Hut«. Der alte, zerschlissene Hut hat ursprünglich dem Schulgründer Godric Gryffindor gehört. Er und die anderen Gründer von Hogwarts haben diesen Hut so verzaubert, dass er ihre Weisheit in sich aufgenommen hat und deshalb Entscheidungen treffen kann. Eine wichtige Rolle kommt dem Hut in der Begrüßungszeremonie der Erstklässler*innen zu, da er entscheidet, welche Schüler*innen welchem Haus zugeteilt werden. Wenn ein Erstklässler den Hut aufsetzt, erkennt der Hut dessen Charakter und dessen Begabungen und beurteilt auf dieser Grundlage, in welches Haus der Schulanfänger am besten passt.

Eine besondere Bedeutung haben Hüte in den Indiana-Jones-Filmen. Wie der Fedora hat auch der Panamahut hier eine eigene Rolle: Im dritten Teil, dem Film »Indiana Jones und der letzte Kreuzzug« (1989), trägt der Gegenspieler der Hauptfigur den Namen »Panama Hat«. Im ersten Teil der Indiana-Jones-Filme trägt Garth einen Fedora und wird von Indy, gespielt von Harrison Ford, deshalb nur Fedora genannt. Am Ende des Films schenkt Fedora Indy seinen Hut, der von da an das Markenzeichen von Indy ist, der sich in den folgenden Filmen kaum je von seinem Hut trennt. Echte Indiana-Jones-Fans wissen, dass sich die Hüte von Film zu Film leicht geändert haben. Obwohl die Filmserie bis heute sehr erfolgreich ist, konnte sie keinen Fedora-Boom mehr auslösen.

# *Epilog*

Der wohl berühmteste Hut der Literaturgeschichte ist jedoch kein Hut, sondern eine Schlange, die einen Elefanten geschluckt hat. Der Ich-Erzähler schildert am Beginn des Buches seine frustrierenden Erlebnisse, als er seine Zeichnung den »großen Leuten« zeigt, die darin nur einen banalen Hut sehen. Für Antoine de Saint-Exupéry ist der Hut Sinnbild für die Fantasielosigkeit der Erwachsenen, die die Fähigkeit verloren haben, hinter die Dinge zu schauen, und sich damit begnügen, nur das Offensichtliche zu sehen.

Es lohnt sich auch bei Hüten oft, ein zweites Mal hinzuschauen, um die wahre Botschaft zu lesen und zu sehen, wer sich unter einem Hut verbirgt.

MICHAELA FEURSTEIN-PRASSER aufgewachsen in Bregenz, lebt in Wien; Studium der Romanistik und Geschichte. 1993–2010 arbeitet sie zunächst als Leiterin der Vermittlung, dann als Kuratorin im Jüdischen Museum Wien. Seit 2011 freie Kuratorin. Ausstellungen u. a. für die Jüdischen Museen in Hohenems, Frankfurt und Wien, das Volkskunde Museum Wien und das Tiroler Landesmuseum. Zahlreiche Publikationen sowie Katalogbeiträge. 2016 hat sie für das Wien Museum die Ausstellung »Chapeau! Eine Sozialgeschichte des bedeckten Kopfes« kuratiert (gemeinsam mit Barbara Staudinger).

## BIBLIOGRAFIE (Auswahl)

**Bruno Buchwieser,** Der Hut (Wirtschaftswissenschaften, Universität für Welthandel Wien 1945).

**Tobias Engelsing,** Chapeau! Berühmte Kopfbedeckungen 1700–2000. 1. Auflage. Konstanzer Museumsjournal 2011 (Konstanz 2011).

**Michaela Feurstein-Prasser, Barbara Staudinger** (Hg.), Chapeau! Eine Sozialgeschichte des bedeckten Kopfes. 1. Auflage (Wien 2016).

**Rudolf Hadwich,** Die rechtssymbolische Bedeutung von Hut und Krone (Rechts- und Wirtschaftswissenschaftliche Fakultät Johannes-Gutenberg-Universität Mainz 1952).

**Kathrin Maas,** Der Kastorhut. Der Spiegel (Spiegel+), 26.09.2016, Abschnitt Geschichte, online unter https://www.spiegel.de/geschichte/der-kastor-hut-a-13d9b077-0002-0001-0000-000147014139.

**Smithsonian Magazine,** Abraham Lincoln's Top Hat: The Inside Story. Smithsonian Magazine, online unter https://www.smithsonianmag.com/history/abraham-lincolns-top-hat-the-inside-story-3764960/

**Münchner Stadtmuseum, Andreas Ley** (Hg.), Hüte: von Kopf bis Hut: Kopfbedeckungen aus der Sammlung des Modemuseums im Münchner Stadtmuseum vom 18. Jahrhundert bis 2000 ([München]: Wolfratshausen 2000).

**Johannes Pietsch, Gloria von Thurn und Taxis, Frank Matthias Kammel** (Hg.), Hauptsache: Hüte, Hauben, Hip-Hop-Caps (München 2022).

**Margot Schindler,** Unter der Bedeckung eines Hutes: Hauben und Hüte in der Volkstracht; Katalog (Wien 1984).

Studentenlied vom deutschen Stürmer / Von L. Eckardt dem akademischen Singverein geweiht, 1848, online unter http://digital.wienbibliothek.at/wbrobv/1995068.

**O. Timidor,** Der Hut und seine Geschichte. Eine kulturgeschichtliche Monographie (Wien, Leipzig 1914).

**Elsbeth Wallnöfer, Marie Vermont,** Tracht macht Politik. 2. Auflage, Studienausgabe (Innsbruck 2021).

Bibliografische Information der Deutschen Nationalbibliothek
Die Deutsche Nationalbibliothek verzeichnet diese Publikation in der Deutschen Nationalbibliografie; detaillierte bibliografische Daten sind im Internet über http://dnb.dnb.de abrufbar.

www.residenzverlag.com



Umschlaggestaltung, Illustrationen, Layout und Satz: Hanna Zeckau
Gesamtherstellung: Graspo CZ Printing House

ISBN 978-3-7017-3600-3